BESTE BILDER

Die Cartoons des Jahres 12

Cartoons von Renate Alf, Frank Bahr, BECK, Harm Bengen, Bettina Bexte, BURKH, Peter Butschkow, Steffen Butz, Birgit Dodenhoff, Uli Döring, Tim Oliver Feicke, Miguel Fernandez, Marco Finkenstein, Kai Flemming, Peter Gaymann, Gerhard Glück, Greser & Lenz, Katharina Greve, Markus Grolik, Gymmick, Teresa Habild, Hauck & Bauer, Ruth Hebler, Pascal Heiler, Anton Heurung, Oli Hilbring, Martina Hillemann, Michael Holtschulte, Olga Hopfauf, Phil Hubbe, Rudi Hurzlmeier, HUSE, Dominik Joswig, AD Karnebogen, Petra Kaster, Matthias Kiefel, Kittihawk, @kriegundfreitag, Kriki, Uwe Krumbiegel, Kai Kühne, Yvonne Kuschel, Dorthe Landschulz, Mario Lars, Nicolas Mahler, Wolf-Rüdiger Marunde, Piero Masztalerz, Dirk Meissner, Nadja Menze, Hannes Mercker, Til Mette, Denis Metz, Mock, NEL, OL, Martin Perscheid, Thomas Plaßmann, Ari Plikat, POLO, RABE, Hannes Richert, Leonard Riegel, Holga Rosen, Stephan Rürup, Heiko Sakurai, Schilling & Blum, Bettina Schipping, Theodor Schneckensteiff, Schwarwel, André Sedlaczek, Wolfgang Sperzel, Klaus Stuttmann, ©TOM, Silvan Wegmann, Karsten Weyershausen, Freimut Woessner, Miriam Wurster und Martin Zak

Herausgegeben von Antje Haubner, Wolfgang Kleinert und Dieter Schwalm

LAPPAN

1. Auflage 2021
– Originalausgabe –

ISBN 978-3-8303-3612-9

Titelcartoon: Pascal Heiler
Rückseitencartoon: Katharina Greve

Layout und Herstellung: Monika Swirski

MIX
Papier aus verantwortungsvollen Quellen
FSC® C002795

Unser Versprechen für mehr Nachhaltigkeit
- Klimaneutrales Produkt
- Farben auf pflanzlicher Basis
- Papiere aus nachhaltigen und kontrollierten Quellen
- Hergestellt in Europa

Folgt uns! facebook.com/lappanverlag
Instagram.com/lappanverlag
www.lappan.de

Corona hatte die Welt auch 2021 fest im Griff!

Impfen hieß das Zauberwort zu Beginn dieses Spritzenjahrs. Gefolgt von heftigen Diskussionen über Sinn und Unsinn von Inzidenzwerten, Impfpflicht, 3G, 2G. Mehr oder weniger Sinnvolles wurde 2021 auch zum Thema Gendern verbreitet. Im Sommer dann drängten sich gleich zwei K-Fragen in den Vordergrund: Wer wird Kanzler:in und wie reagieren wir auf den Klimawandel? Der Hochwasserkatastrophe in Deutschland folgte das Desaster in Afghanistan. Mit vielen Vorwürfen an die aktuelle Außenpolitik. Während Trump sich schon im Januar aus dem Weißen Haus verabschieden musste und Putin bis 2036 Chef von Russland bleiben kann, war vor der Bundestagswahl nur eines klar: Merkel wird gehen. Dem Wahlkampf und der Wahl widmet dieses Buch einen Extrateil. Mit Pleiten, Pech und Pannen der Grünen, dem feuchtfröhlichen Auftritt von Armin Laschet im Hochwasserkatastrophengebiet, einem Finanzminister Scholz, der trotz schwerwiegender Vorwürfe der SPD die meisten Stimmen brachte ... Und mit dem amtlichen Endergebnis: Nach 16 Jahren Merkel wird die Republik bunter werden.

Fast 220 Cartonist:innen reichten etwa 3.000 Cartoons zur Auswahl für BESTE BILDER 12 ein und bewarben sich damit für den Deutschen Cartoonpreis 2021. Mehr dazu auf Seite 169. Das Buch ist die Fortsetzung unserer Reihe, die mit Cartoons festhält, was in den einzelnen Jahren geschah und die das Beste an gezeichnetem Zeitgeist, Humor und Nonsens präsentiert. Seit 2010 verfolgen wir so, wie sich Satire, Humor und Zeichenstile in Deutschland entwickeln und was von den jeweiligen Jahren in Erinnerung bleibt. Neben gestandenen Künstler:innen sind auch in diesem Jahr wieder neue Namen dabei.

Einer der besten Cartoonisten wird zum letzten Mal in den BESTEN BILDERN vertreten sein. Ende Juli verlor er den Kampf gegen den verdammten Krebs. Sehr traurig verabschieden wir uns von dem großartigen Martin Perscheid.

Die Herausgeber:innen

Antje Haubner, Hamburg; Wolfgang Kleinert, Berlin; Dieter Schwalm, Oldenburg

Alte weiße Männer

„Verehrte Zuschauer - das war
die Kurz-Vorschau aufs Neue Jahr.“

Meteorologischer Affront beim Deutschland-Ungarn-Spiel!

Generation Corona

Gerd hat sich in der Lockdownzeit ein neues Hobby zugelegt. Malen nach Infektionszahlen.
LANDSCHULZ

Afghanistan nach dem Abzug des Westens.
GLAS
PAPIER
REST MÜLL
FRAUEN
LANDSCHULZ

Der schwierige Alltag von Querdenkern.

ICH HAB' MIR HEUTE 8 STD. IM BÜRO DEN ARSCH ABGEGENDERT! JETZT IST FEIERABEND, BRING MAL 'N BIER!!!
TIL

TIL
ICH HÄTTE LUST WIEDER IN DIE KIRCHE EINZUTRETEN, UM WEGEN DEM AUSZUTRETEN!
KARDINAL WOELKI

ICH HOFFE ER SIEHT MICH ALS FREUND, UND NICHT ALS EINEN SEINER ORTSKRÄFTE....
TIL

SIE HABEN JA KEINE AHNUNG WAS ES HEISST, ALS WEISSER HETEROSEXUELLER MANN GEFANGEN IM KÖRPER EINES WEISSEN HETEROSEXUELLEN MANNES ZU SEIN...
TIL

BABYÖL...
OMG!! ES STIMMT ALSO... SIE MACHEN AUS BABYS ÖL!
DROGE
TIL

WIR UNTERBRECHEN UNSEREN BRENNPUNKT „GAU IN DEUTSCHLAND" UND SCHALTEN LIVE NACH KATAR, WO MANUEL NEUER SOEBEN STOLZ DEN KLUB-WM-POKAL IN DEN ARABISCHEN HIMMEL RECKT...
©ROSEN

MIR DOCH SCHNUPPE, WER KANZLER WIRD. HAUPTSACHE, ER ODER SIE STAPFT MIR NICHT MIT DRECKIGEN SCHUHEN DURCHS FRISCH-GEPUTZTE TREPPENHAUS!!!
©ROSEN

NADJA S. PRÄSENTIERT IHRER FAMILIE IHR NEUES HYGIENEKONZEPT

CORONA-SCHIMPFZENTRUM

DER SCHLÜSSEL ZU MEHR LEBENSFREUDE: LOCKERUNGEN

Nein, sie haben nicht ferngesehen. Ja, sie schlafen jetzt. Wir auch gleich! Wann holst du sie morgen ab??
OMI
BESTER OPA!
ZIRKUS
P. GAY

Die weltweit wichtigsten Währungen? – Achim!
GELD
Schmiergeld
Schwarzgeld
Schutzgeld
P. GAY

Klaus! Kommst du mal!!
P. GAY

ALSO, ICH BIN FÜR HÄRTERE REGELN FÜR UNGEIMPFTE!
JA, BEI 'NER SIEBEN SECHZEHN ZIEHEN.
BTI

IST ES EIN JUNGE ODER EIN MÄDCHEN?
WIR HABEN NOCH NICHT NACHGEGUCKT. WIR MÖCHTEN UNS ÜBERRASCHEN LASSEN.
BTI

FRAUEN ALS „MENSCHEN MIT GEBÄRMUTTER" ZU BEZEICHNEN, FINDE ICH NICHT OPTIMAL.
JA, ICH BEVORZUGE: „PERSONEN MIT AUSTRAGUNGSORT".
BTI

WIR BEIDE WISSEN SEHR GENAU, WAS DAS IST, DU KLEINE GRÜNVERSIFFTE ÖKOSCHLAMPE!
Schneckensteiff

UNTERDRÜCKUNG HAT EINEN NEUEN NAMEN

IRGENDWANN HATTE DAS HOMESCHOOLING BEI DEN SCHRÖDERS LEICHT BIZARRE FORMEN ANGENOMMEN

PAKETSENDUNGEN LIVE VERFOLGEN. ES GIBT NICHTS GEILERES.

DANK SCHUTZMASKEN MACHEN SICH IMMER WENIGER BRILLENTRÄGER SORGEN, AN CORONA ZU ERKRANKEN

ES SIND VERWIRRENDE ZEITEN

EIN ALTER URLAUBERTRAUM WIRD WAHR:

Schau, Schatz, sie haben den Triumphbogen verhüllt!
So weit ist es also schon mit der Islamisierung des Abendlandes!
KA.GREVE

Warum weint sie denn? Jetzt kann sie doch endlich wieder zur Schule!
Sie hat den Weg vergessen.
KA.GREVE

Tut mir leid. Unser Hygienekonzept lässt nur traurige Einzeltrinker zu.
K.A.GREVE

KAMPF DEM CORONA-FASCHISMUS!!!
Müssten wir nicht eigentlich DAFÜR sein?
18
K.A.GREVE

UNGEWÖHNLICHE URLAUBSANKÜNDIGUNGEN

Und durch diesen unwahrscheinlichen Zusammenstoß von Red Bull-Auto, Bierbike und Koks-Taxi entstand das Kultgetränk des Sommers.

AH
... Heinz-Hubert!! Ich dachte, du kämpfst noch am Hindukusch ...

Guten Tag, wir sammeln für den Deutschen Katastrophenschutz...
AH

JOES ERSTER TAG

EINEN CORONATEST, ZWEI RUBBELLOSE UND EIN CORNETTO ERDBEER!
Anmeldung Covid-19-Test
Metz

URLAUB 2021

EINER NEUEN STUDIE ZUFOLGE HAT BEREITS DAS ANSCHAUEN VON MINDESTENS 128 IMPF-SPRITZEN WÄHREND EINER EINZIGEN TAGESSCHAU-SENDUNG EINE IMMUNISIERENDE WIRKUNG.

UND WENN ICH STATTDESSEN ANBIETE, PAPST ZU WERDEN ...?
NEIN, FRIEDRICH!!!
CDU
FEICKE

GENDER-STERNCHEN? WÜRDE MICH JETZT AUCH NICHT WEITER STÖREN ...
BEI TONY'S
FUTTER'N WIE BEI MUTTER'N
TONY'S
FEICKE

Zur Berechnung des Bitcoinkurses haben wir ein ausgeklügeltes System entwickelt.

ERZIEHEN MIT QAnon

OH NEIN, DEUTSCHLAND WIRD WIEDER ROT!
EINE KATASTROPHE, DIESER LINKSRUCK!
ICH REDE VON DER KARTE MIT DER INZIDENZ!
D.J.

JA CHEF, ALLE TESTS ERFOLGREICH! DIE GESCHENKE FÜR DIE CORONALEUGNER KÖNNEN AUSGELIEFERT WERDEN!
D.J.

DA FEHLEN JA SÄMTLICHE QUELLEN!
FLÜSSE

‚DAS WIRD MAN WOHL NOCH SAGEN DÜRFEN' WIRD MAN WOHL NOCH SAGEN DÜRFEN!

PAPA, ICH MUSS DIR WAS SAGEN: DU BIST SCHWUL!

WILLKOMMEN ZUM THEMA: DAS GENDERSTERNCHEN – BRAUCHEN WIR WIRKLICH SO VIELE ANGLIZISMEN?

WECKER FÜR AUTOFAHRER

ICH GLAUBE NICHT AN DAS CORONA-VIRUS, DAFÜR GIBT ES KEINERLEI BEWEISE.
UND DAS IST NICHT NUR MEINE MEINUNG.
DAS SEHEN DIE ANDEREN IN DER EINHORNGRUPPE GANZ GENAU SO!
PERSCHEID

ALS BABYS ÜBERSCHÜTTEN WIR SIE MIT KALTEM WASSER, IN DER SCHULE INDOKTRINIEREN WIR SIE MIT RELIGIONSUNTERRICHT, IHRE MITGLIEDSBEITRÄGE FÜR UNSERE ORGANISATION LASSEN WIR VOM STAAT EINZIEHEN, ZWINGEN ALLEN UNSERE FEIERTAGSRUHE AUF, UND TÄGLICH ÄRGERN WIR SIE MIT UNSEREM GLOCKENGELÄUT!
OKAY, ABER WAS TUN WIR, WENN SIE DANN GENERVT SIND UND WITZE ÜBER UNSERE RELIGION MACHEN?
DANN SAGEN WIR: MIT MOHAMMED HÄTTEST DU DICH DAS NICHT GETRAUT!
PERSCHEID
MUHAHAHAHAHA!

SIEHSTE, SCHATZ, BALD IST DER LOCKDOWN VORBEI! UND DU KANNST RAUS INS FITNESSSTUDIO UND IN MUSEEN.
GEIL.
Chips

ICH WURDE ÜBRIGENS IM AUTO GEZEUGT.
PAH! ICH WURDE AUF DEM FAHRRAD GEZEICHNET.

Irgendwann wird auch er eine nette Frau finden, die ihm sagt, wo es lang geht!
Alexa?
NO HOPE FUCK!
TOCK
piep
Yvonne Kuschel

SEILTANZ HAB ICH MIR IRGENDWIE ANDERS VORGESTELLT...
WOLLEN SIE JETZT DIE KULTUR RETTEN ODER NICHT?
DER GROßE SEILO!
Privat-Vorstellung 85,- Euro
MAT

WAS HAB ICH DIR BEIGEBRACHT?! MÄNNER FAHREN AUTOS, TRINKEN BENZIN UND QUÄLEN TIERE!! UND DU KOMMST MIR MIT SO EINER LINKEN SCHEIßE?!!
Ich Hab Dich Li3B PAPi!
MAT

ICH GLAUB'S JA WOHL NICHT! DIE FETTE KATZE DAHINTEN MACHT DICH GERADE VOLL NACH!!
LOCK-DOWN YOGA
MAT

REIHENFOLGE BEACHTEN!
BRILLE
MASKE
MÜTZE
KOPFHÖRER
SCHAL
MAT
DIE HERAUSFORDERUNGEN DES WINTERS

DU SCHREIBST JA SCHON WIEDER WAS ZU DEM THEMA. DU HAST DOCH GAR KEINE AHNUNG DAVON!
JA, ABER DAS WISSEN DIE JA NICHT...
MAT

HÖREN SIE BITTE ENDLICH DAMIT AUF, UNSEREN GÄSTEN DAS ESSEN MIT DEN WORTEN ZU SERVIEREN: "NA, DA HABEN WIR DEN SALAT!"
LE SALAT BAR
MAT

DAS IST EIN UNTERDRÜCKUNGSSTAAT!! DU SYSTEMHURE! MERKEL HAT DICH MIT CHEMTRAILS GEFÜGIG GEMACHT, DU IMPFOPFER!! WACH ENDLICH AUF!!!
ACH, WIE SCHÖN WAR ES DOCH DAMALS, ALS ICH NUR'NE BLÖDE SCHLAMPE WAR ...
ORDNUNGSAMT
MAT

JETZT, WO SICH DIE QUERDENKER AUFLÖSEN, HAT AUCH MEIN MANN GEMERKT, IN WAS FÜR EINEN QUATSCH ER DA GERATEN IST. JA, ABER ER IST JETZT WIEDER AUF EINEM GUTEN WEG!
JESUS LEBT! UND WÜRDE DIESEL FAHREN!!
POK!
MAT

DIE UNERNSTE MUSE

GRÜSS GOTT !!
DAS WIRD EIN TV-KNÜLLER: KAPITÄN SILBEREISEN STEUERT SEIN TRAUMSCHIFF INS GOLDENE ROSAMUNDE-PILCHER-LAND!

UNSER BÜRGERMEISTER HAT VERBOTEN, DIE NACHTTÖPFE AUF DIE STRASSE ZU LEEREN! DAS BEFÖRDERT DIE CHOLERA!
ACH JA?? UND WAS WILL UNS DIE OBRIGKEIT ALS NÄCHSTES WEISMACHEN, HERR NACHBAR? DASS DIE ERDE EINE KUGEL IST?

JAJA, ICH WEISS, ALLES NUR ZUM MITNEHMEN...
... KÖNNEN SIE MIR MEINE CURRYWURST MIT POMMES NICHT NACHHER BEI MIR ZUHAUSE VORBEIBRINGEN?
UND NOCH EIN BISSCHEN SITZENBLEIBEN, BIS ICH MIT ESSEN FERTIG BIN?
MARUNDE

Gottlob haben uns die Deutschen "Asterix bei den Taliban" auf Mittelfränkisch und ein Fläschchen Zaubertrank dagelassen.
DANKE
HABILD

Die Abschiebung nach Afghanistan wurde gestoppt. Wir lassen Sie jetzt einfach in Syrien raus.
HABILD

HILBRING
Ich dachte, wenn zur Einschulung noch Maskenpflicht besteht.

Happy Hour ist erst in zwanzig Minuten.
HILBRING

HILBRING
Ich bin mit dem Wagen liegen geblieben.

Ich hab mir eine Matratze gekauft. Hat mich ein Vermögen gekostet.
Halt die Fresse!
E
B
HILBRING

Mein Mann steckt im falschen Körper!
GYMMICK

ESCAPE-ROOM
Tag der offenen Tür
GYMMICK

Wir haben jetzt alles vom Plakat weggelassen, was Irgendjemanden verletzen könnte...

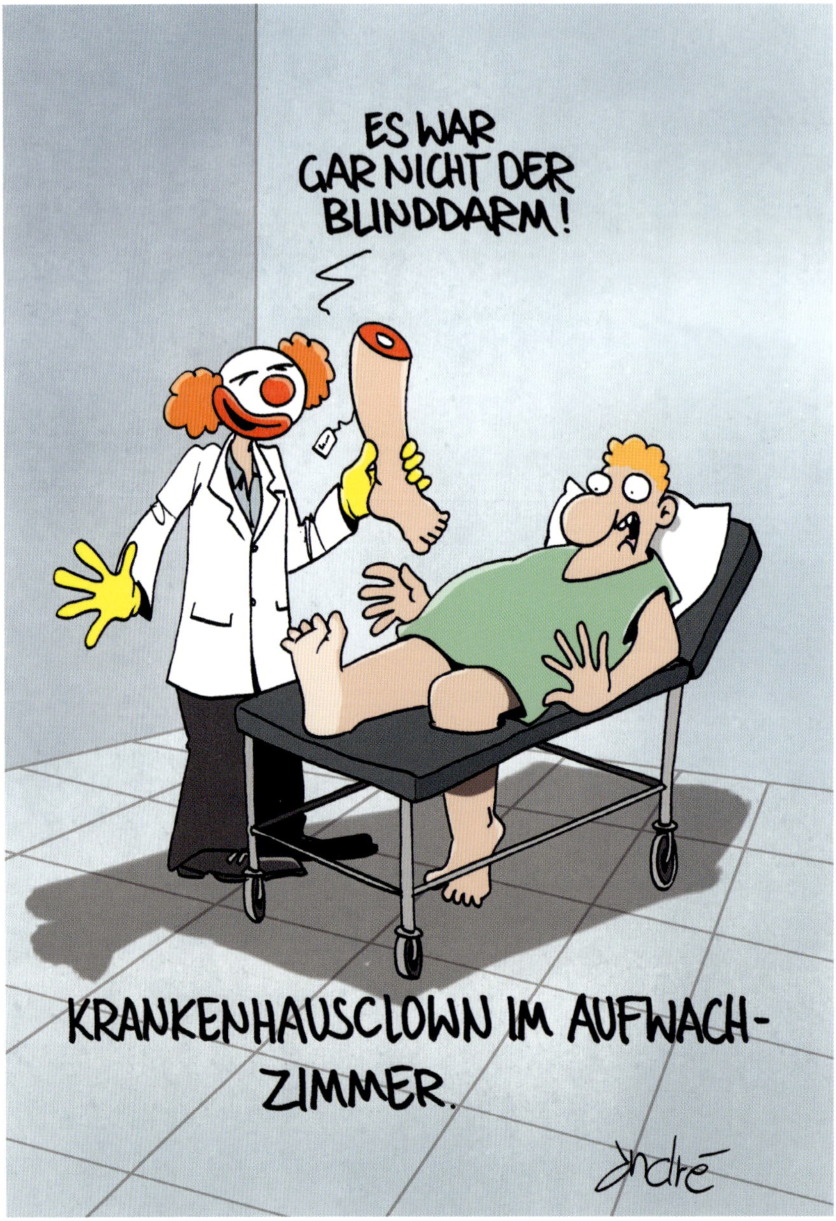
ES WAR GAR NICHT DER BLINDDARM!
KRANKENHAUSCLOWN IM AUFWACH-ZIMMER.
André

SCHEIßLEBEN.
DREI JAHRE BAUZEIT UND ICH KANN
DAS ALLES KEINEM ZEIGEN.
©H. MERCKER

NACH DER LANGEN PAUSE KÖNNEN
DIE LEUTE JETZT WIEDER GANZ BEHUTSAM
ERSTE ERFAHRUNGEN SAMMELN.
IIIIIH! DAS IST JA
GANZ NASS!
©H. MERCKER

HOMESCHOOLING
HEUTE: WANDERTAG

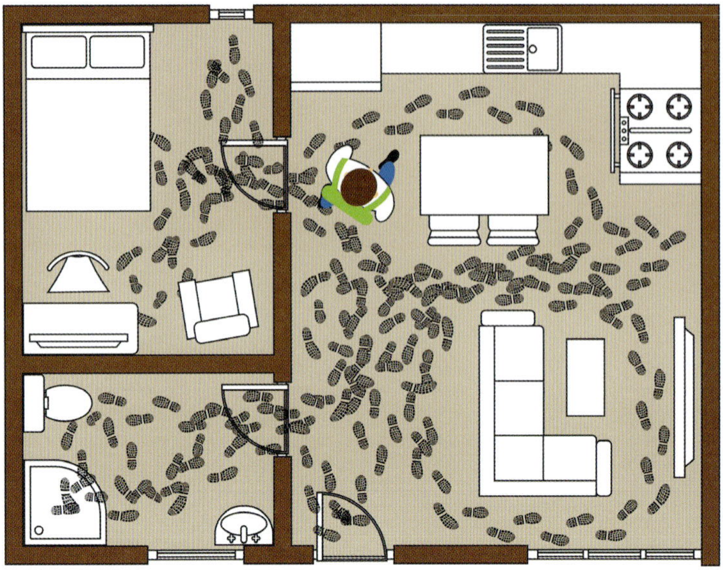

DIE VORTEILE DER AUSSENGASTRONOMIE

MEHR TEMPO
BEIM
KLIMASCHUTZ

Beeil dich, Hertha! Wir kommen zu spät zum Rave ...
See you, folks!
Shake
Shake
KITTIHAWK
Generation „Geimpft"

Ich habe ein Jahr gebraucht um das Wort „Inzidenz" richtig zu buchstabieren! Und jetzt das ...
087
INZIDENZ EGAL bei CORONA
KITTIHAWK

Afghanistan.

Morgenkreis online?

WAS KOMMT IN DER GLOTZE?
MUSS SO'N THEMENABEND SEIN, KOMMT ÜBERALL NUR SCHEISSDRECK.

FRANKS ALLERLETZTER TAG ALS SCHIEDSRICHTER

FISCHBRÖTCHEN 2.0

PUH... DAS SIND ABER VIELE EISSORTEN! SCHWIERIG... SCHWIERIG...
EIS
BEI DEM EISLADEN UM DIE ECKE KANN MAN PROBIEREN, BEVOR MAN SICH ENTSCHEIDET!
ABER JA, GERNE! KEIN PROBLEM!
ICH WARTE SOLANGE.
LESEN SIE ZEITUNG? DAS IST DOCH ALLES EIN WAHNSINN! FRÜHER WAR ALLES BESSER!
ALSO, WENN SIE MICH FRAGEN, ICH HÄTTE LIEBER FRÜHER GELEBT!
ES HAT KEIN FELL! SIEHT AUS WIE EIN FROSCH!
GUT! FROSCH IST LECKER!
DAS DA? DAS IST EINE TELEFONZELLE. DAMIT HABEN WIR FRÜHER TELEFONIERT!
IHR HABT EUCH GEWÄCHSHÄUSER AN DEN KOPF GEHALTEN?
NEIN, DA DRIN WAR EIN KASTEN, DA HAT MAN METALLSTÜCKE REINGEWORFEN, AN EINEM RAD GEDREHT UND DANN IN EINE ART KNOCHEN GESPROCHEN, DER AN EINER SCHNUR HING.
HAHA!
UND DEINE KONTAKTE STANDEN AUF EINEM BÄRENFELL!
ES HIESS TELEFONBUCH UND ROCH NACH BIER UND ZIGARETTEN!
DU WILLST ECHT INS HEIM, ODER?

AUSDRUCKSTURM-SPRINGEN. DAS FINALE!
WOW!
MIT HANDY GILT AUCH?
NEIN.
DER HAT SICH VERLAUFEN.

PAUL? PAUL! PAU-EL!!
MÜSLI
DU SOLLST DOCH NICHT EINFACH WEGLAUFEN! WIE SIEHST DU DENN AUS? WO WARST DU?
IM BIOBÄLLEBAD!
DAS HEISST „KARTOFFELN"!

HALLO, ICH BIN DIE NUR-NIX-KOMPLIZIERTES-FEE, UND DU DARFST DIR WAS WÜNSCHEN!
ICH WÜSSTE GERNE, WIE ES IN EINEM SCHWARZEN LOCH IST!

Was empfiehlt denn die Ständige Impfkommission?

Ist das noch Wetter oder schon Klima?

Die Klimaanlage ist kaputt.
Müssen wir jetzt die Natur so genießen, wie sie ist?

Hast du dir die Hände gewaschen?
Gilt das immer noch?

Für Ungeimpfte nur alkoholfreies Bier.
Ich wusste, dass die Impfpflicht durch die Hintertür kommt.

Immer weiter geradeaus
Mein Rollator wurde von der Rentenkasse gehackt

GREIFT ZU! ES IST GENUG VON ALLEM DA!!
ENERGIE
WASSER
NATUR
LANDSCHAFT
BUTZ

Wie wär's, wenn wir zu Weihnachten mal ein Krippenspiel machen würden?
Ok. Ich bin die Schweinegrippe.
Ich die Vogelgrippe.
Gilt auch Corona?

DER LOCKDOWN IST AUFGEHOBEN UND DU BIST ZWEI MAL GEIMPFT! MORGEN HOLE ICH DIE TIERSCHÜTZER UND LASSE DICH AUS-WILDERN!
BUTZ

OOHH ... MEIN GOTT!
WARUM HILFT DENN KEINER?
KLICK
KLICK
KLICK
KLICK
HUBBE

... SELTSAME SPUREN. WAS VERMUTEST DU?
PROSTATA.
HUBBE

STELL DIR NUR 'MAL VOR, WIR HÄTTEN DICH DAMALS GEGEN DEINE KRANKHEIT IMPFEN LASSEN.
GEGEN IMPFZWANG
WOMÖGLICH WÜRDEST DU DANN NICHT IM ROLLI SITZEN UND KÖNNTEST SO GAR NICHT DER GUTEN SACHE DIENEN.
ÄHH...
HUBBE

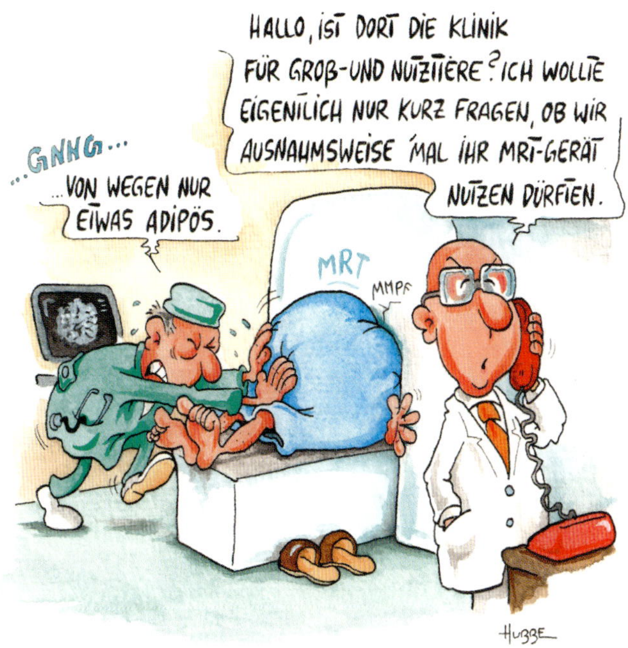
HALLO, IST DORT DIE KLINIK FÜR GROß- UND NUTZTIERE? ICH WOLLTE EIGENTLICH NUR KURZ FRAGEN, OB WIR AUSNAHMSWEISE 'MAL IHR MRT-GERÄT NUTZEN DÜRFTEN.
...GNNG...
...VON WEGEN NUR ETWAS ADIPÖS.
MRT
MMPF
HUBBE

WEG MIT DER MASKE!
HA HA!!
ENDLICH WIEDER NORMALES LEBEN!!
SPERZEL

MORGEN THOMAS!
GUT GESCHLAFEN?
KÄFFCHEN..?
LECKER BRÖTCHEN?
©KASTER

DU HAST RECHT, CORDULA. DIE FAMILIE, DIE FIRMA UND DIE AUF-SICHTSRATSPOSTEN – DAS WIRD ZU VIEL.
AB SOFORT ÜBERNIMMT HERR KLÖBL VOM VERTRIEB DIE LEITUNG DER FAMILIE.
©KASTER

VERTRÄGT SICH DIESE COVID-IMPFUNG DENN ÜBERHAUPT MIT DEM GANZEN ANDEREN ZEUG, DAS ICH SONST NOCH NEHM?!!
©KASTER

UND DIE HABT IHR ALLE IN DER KITA SELBER GEBASTELT?!
GAAANZ TOLL!!
MILCH

Respekt! Die Post wird immer kreativer...

Handwerker: The next Generation

Total easy: Alibis von Jugendlichen

KINO
Geschlossen
KLUB
Geschlossen
KNEIPE
Geschlossen
KLAPSE
Geöffnet

NIMM DAS, WLADIMIR!

ÜBER DEN WOLKEN...

EM-FIEBER

WIESO KRIEGT ER ZWEI EURO MEHR ?!!
MEIN LIEBES.... JE EHER DU DICH DRAN GEWÖHNST...
T. PLASS

NEULICH IM MITTELMEERRAUM

Nun, Essen ist die Sexualität des Alters. Und ich stehe halt auf richtig dreckigen Sex!
M
M

... aber zuerst würden wir gern mit Ihnen über Gott sprechen!
PIZZA
PIZZA

Und wann hat man Dich in die Cloud hochgeladen?

Wieder so ein Kerl, der sich nur meldet, wenn er etwas braucht!

IN DER KÄSEFABRIK

LIEBE MITBÜRGER UND MITBÜRGERINNEN, BITTE VERHALTEN SIE SICH VERNÜNFTIGER ALS IHRE MINISTERPRÄSIDENTEN.
©grolik

©grolik

RICHERTS
COMICS FÜR DEN GEHOBENEN PÖBEL

BOTENSTOFFE

RICHERTS
COMICS FÜR DEN
GEHOBENEN PÖBEL

BRUDER

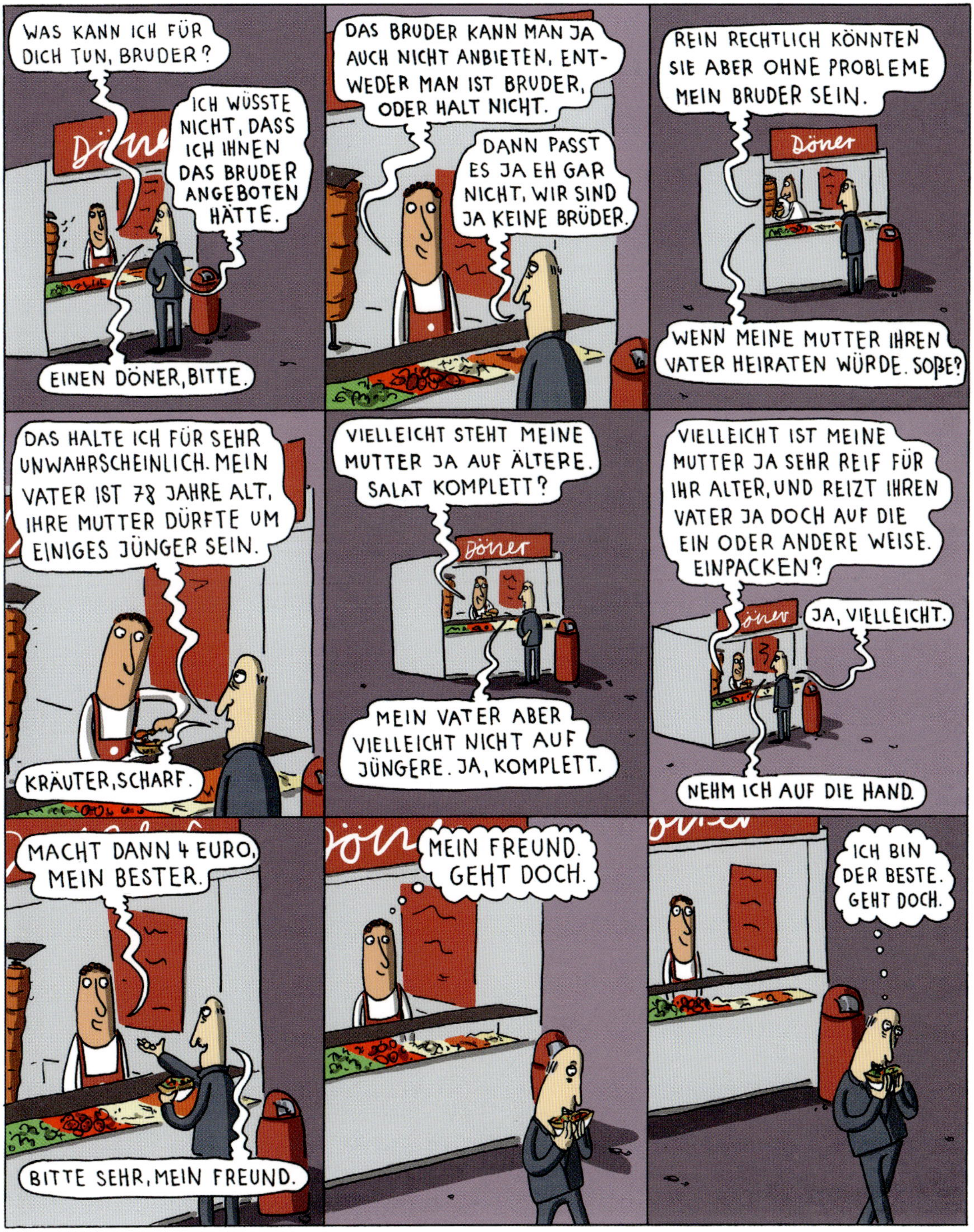

RICHERTS
COMICS FÜR DEN GEHOBENEN PÖBEL
DIE CHIPS
KANNST DU MAL DIE CHIPS ZU DIR RÜBER NEHMEN? ICH ESS DIE SONST AUF.
NIMM MAL DIE FERNBEDIENUNG, SONST SWITCH ICH NUR DURCH.
DEN WEIN BITTE AUCH MAL RÜBER ZU DIR, SONST IST DER GLEICH WEG.
DEN SESSEL MAL BITTE ZU DIR RÜBER, SONST VERSACK ICH HIER NOCH.
GIB MIR BITTE NOCH MAL EBEN DIE CHIPS ZURÜCK.

Erlebnis-Armut

MIT QUERDENKERN REDEN

ICH SEHE ÜBERALL NUR NOCH MEMES.
DIPLOM-PSYCHOLOGE
HOLTSCHULTE

WIR TREFFEN UNS OSTERSAMSTAG MIT ZWEIHUNDERTSIEBZIG PERSONEN AUS EINHUNDERTFÜNFUNDDREISSIG HAUSHALTEN BEI REWE.
OL

WIR LASSEN ALLES LIEFERN. DIE KINDER BRINGT DHL ZUR KITA.
lieferando.de
DHL

CHEF SAGT, WEGEN VIERTER WELLE, WEIHNACHTSFEIER JETZT SCHON.

DIE ELEFANTEN WAREN DIE EINZIGEN MIT IMPFUNG.
NOAH

Die Rettung naht

Corona-G'schichteln, Folge 51

Geht doch: Der Bundestag macht sich transparent

Macht der lange Lockdown die Menschen verrückt?

Was nun, Kardinal Woelki?

Söder fügt sich in souveräner Gelassenheit

Astbaden

Der Witwer

Und - Was haben sie draus gemacht?
'N Kugelgrill!
POLO

Sie sind Künstler! Ich sehe sehr viel Arbeit, sehr wenig Geld, aber sie bekommen dafür viel Applaus!
Ich arbeite in der Altenpflege!
POLO

Ich weiß, dass du gestern abend nicht bei einem Kollegen warst. Sondern bei einer Kollegin.
Fängst du jetzt auch mit diesem Genderquatsch an?
H&B

Du trinkst Wasser? Bist du mit dem Auto da?
Nein.
Hör auf! Bist du schwanger?
Nein, warum denn?
Ich trinke heute einfach mal nix.
Hat wahrscheinlich gestern gesoffen.
H&B

Wird die Wirtschaft etwas aus der Corona-Krise lernen ?
Ja, das mit dem exponentiellen Wachstum war interessant.
H&B

Ich will mir jetzt das Rauchen abgewöhnen. Also bis spätestens 2030.
H&B
POLITIKER PRIVAT

Ich weiß, dass du gestern abend nicht bei einem Kollegen warst. Sondern bei einer Kollegin.
Fängst du jetzt auch mit diesem Genderquatsch an ?
H&B

Papa, da ist ein Splatter Movie auf dem Bildschirm.
Das ist die Rückfahrkamera! Und wo ist die Katze?
SPIROU
FLEM MING

Sie haben einen Tesla mit Anhänger?
Das ist die Powerbank.
FLEM MING

Hatten die Würste auch einen Namen?
BIO-Fleisch von glücklichen Tieren, bis das Glück sie verließ.
Erbarmungslos GEHACKTES 12,00 € pro Kilo
BURKH

Der deutsche Wald stirbt!

Ethikrat berät über Privilegien für Geimpfte

Laschet im Klimaschutzeinsatz

Gestern noch ein bombensicheres Cum-Ex-Jnvestment!

Refugees in kanarischen Urlauberhotels

Die neuen Freiheiten der Geimpften

MR. BEZOS, IST ES O.K., WENN WIR SIE NICHT WIEDER MIT ZURÜCK-NEHMEN, SONDERN BEIM NACHBARN ABGEBEN?
amazon
BLUE ORIGIN
HB

AL-KAIDA
IS
HB

ICH WERDE SIE VERMISSEN.
ICH AUCH. JETZT MÜSSEN WIR UNS WIEDER GEGENSEITIG DIE KÖPFE EINSCHLAGEN.
IS

HERR SEEHOFER, STIMMT ES, DASS DAS EUROPÄISCHE HOCHWASSER-WARNSYSTEM EFAS SCHON VIER TAGE VORHER PRÄZISE GEWARNT HAT?
KANN SCHON SEIN. ABER, MEIN GOTT, WIE SOLL ICH DAS UNTER DEN TRÜMMERN FINDEN?

Einmal Bratwurst, bitte. Mit viel Senf und ohne Impfen.
WURST
RÜRUP

Die folgende Wettervorhersage ist für Zuschauer unter 18 Jahren nicht geeignet.
80°
49°
RÜRUP

Willkommen auf flop-oder-top.de DEM Bewertungsportal für Unternehmen
START
Wie beurteilen Sie die Unternehmensführung in Ihrer Firma?
Mangelhaft.
Wie steht es um die wirtschaftlichen Perspektiven?
Ungenügend.
Erhalten Sie eine angemessene Bezahlung?
Eindeutig NEIN!
Entschuldigung, wenn ich mich einmische. Dieser Katastrophenfirma sollten Sie schleunigst den Rücken kehren.
So einfach ist das nicht.
Die Katastrophenfirma ist MEIN Laden. Ich bin SOLO-SELBSTSTÄNDIG.
RÜRUP

DIE VIERTE WELLE? Soll das jetzt immer so weitergehen?
Immer nicht. Eines Tages...
TEST-STATION
...wird alles ein Ende haben. Glaubt man den Experten.
Den Virologen?
Den Klimaforschern.
Kios
FLUT FLUT FLUT
48°C in Italien
RÜRUP

GESUNDHEIT!
FERNANDEZ

ICH DACHTE, DU BIST IM HOME-OFFICE?!
WAR ICH. JETZT BIN ICH IM HOME-PUB.
FERNANDEZ

Als wissenschaftlicher Nachwuchs, da will man doch noch die Sterne vom Himmel holen! New York! Tokyo! Peking! Und irgendwann den Nobelpreis!
Und das sollen wir Ihnen alles kaputtmachen mit einer Festanstellung?!!
WOESSNER

Wutmensch und Gutmensch im Gespräch

Wie soll denn 'Salbeitee' googeln gegen Halsschmerzen helfen ...?
HEBLER

INNEN MINISTERIUM
HEBLER

„NEBEN DER UNVERBAUBAREN AUSSICHT HAT DAS GRUNDSTÜCK NOCH EINEN REIZ, DIE GRUNDSTEUER WIRD LAUFEND SINKEN."

VENEZIANER BEGRÜSST KREUZFAHRER.

NICHT ARTGERECHTES FUTTER KANN BEI TIEREN
ZU IDENTITÄTSSTÖRUNGEN FÜHREN.

Aluminium wird knapp
Verschwörung!

Stell dir vor, wir müssten für unsere Boni streiken!
DB

IM KATASTROPHENGEBIET

Du noch in der Videokonferenz? Ist die Blonde nicht die Müller aus'm Vertrieb?
BUTSCHKOW

Wir werden doch alle fremdgesteuert.
Auch in den Ecken, Schatz!
BUTSCHKOW

Chips
Paar Chip

SYMBOLBILD ZUR WELTLAGE

EINFACH MAL ENTSPANNT KLIMAWANDEL GUCKEN.

PAH, SIND BESTIMMT NUR WIRTSCHAFTS-FLÜCHTLINGE.
SCHWARWEL
AIRPORT KABUL

UNSER SEGEN? AUF KEINEN FALL!
DU-DU.
SCHWARWEL

DA KOMMT JA MEIN STECHER
IMPF TEAM

HAHA-ZUERST GEPOSTET!

AUCH AUF DIESEN HASENZAHN-HYPE REINGEFALLEN?

ENDLICH WIEDER ALLES NORMAL

GRENZEN DER SCHÖNHEITSCHIRURGIE

Wenn das Internet ein Mensch wäre:
GUCK MAL, EINE NIEDLICHE KATZE! BALD GEHT DIE WELT UNTER! Möchtest du Cookies? DU BIST DIE SCHLIMMSTE PERSON, DIE ES GIBT!

Eines Tages stand plötzlich die Stadt in Flammen, nachdem unter den Bewohnern das Gerücht die Runde gemacht hatte, dass Feuer in Wahrheit gar nicht brennt.

WENN TEENAGER STRANDEN

ZURÜCK
VORSÄTZE 2021
- ZURÜCK IN DEN EINZELHANDEL
- ZURÜCK IN DIE KNEIPE
- ZURÜCK INS KINO & THEATER
- ZURÜCK INS RESTAURANT
- ZURÜCK AN DEN STRAND
- ZURÜCK
ZAK.

DER KULTURBETRIEB NIMMT FA(H)RT AUF

Endlich: Corona-Impfungen jetzt auch in Tierarztpraxen!

Regenbogenverbot in Ungarn

Atemberaubend, dieser Blick auf die Feuer von Kalifornien, Russland und Griechenland!
Virgin
wurster

Trip ins All

Die ziehen aus?
...nach Abzug der Miete war nix mehr zum Leben übrig..
...hätten sie mal rechtzeitig Aktien von der Vonovia gekauft...
wurster

Für Putzfrauen gibt's kein Homeoffice. Wie schaffen die das mit den Kindern und dem Homeschooling?
Keine Ahnung. Wahrscheinlich mit Nannys...
wurster

...Urlaubsgrüße von den Schulzes!
wurster

Meine Herren, auch beim Thema Diversity haben wir noch nicht alles erreicht.

Ich glaube, Ihre Frau bringt Ihnen da gerade Ihre Unterhose.

Mir gefällt's. Es erinnert mich an einen Ort ohne Corona, Klima-wandel und Taliban.

Großartig! Noch niemals in der Geschichte haben sich so viele Menschen, Pop-Stars und Politiker versammelt, um einem US-Präsidenten Goodbye zu sagen!

Ist das der Anfang vom Ende?
Die Milliardäre jedenfalls flüchten schon ins Weltall!
USA/Kanada

Unser Krisenmanagement …

Die letzte Ansage des Westens …

Endlich wieder gute Laune in Nordrhein-Westfalen!

Kohleverbrauch in Deutschland wieder angestiegen

Neues Geschäftsmodell

(Bisher ohne nachweisbarer Vermittlertätigkeit von CDU/CSU-Abgeordneten)

S&B
HIER ENTSTEHT FÜR SIE EIN HAUS MIT REICHEREN NACHBARN
SCHILLING & BLUM

Bei Sickify übernehmen wir das Googeln von Krankheiten für unsere Kunden, damit sie davon nicht noch kränker werden.
sickify©

Grillt Papa da etwa nackt im Garten?!
Ja, er leugnet jetzt auch den Winter.
SCHILLING & BLUM

QUERDENKER BEIM KU-KLUX-KLAN

WELTRAUMTOURISTEN

Bundes-
republik
Deutsch-
land
Ich bin eben fast gestorben, als ich Sie sah, Herr Grenzkommissar. Ich dachte nämlich, sie wollten kontrollieren, ob wir auf Corona getestet sind... dabei wollten Sie nur die Pässe.

Eine Person of white color hat sich über unsere Weißwurst echauffiert: Indem wir ihr Weißwurst anbieten, beleidigen wir die Person in ihrer ethnischen Herkunft...

Luise, das ist Herbert. Ich habe mich im Corona-Testzentrum in sein Nasenloch verliebt ...

20. Juli 2021: Millionen Einzelhändler weltweit stecken synchron eine neue, dicke Nadel in ihre Jeff-Bezos-Voodoo-Puppe ...
PRIVAT

Kein Tattoo zu haben
ist das neue Tätowiert-Sein …

Zu spät wird Holger bemerken, dass er den Kindern FFP2-Masken statt Schwimmflügel auf die Ärmchen geklemmt hat...

Zu den Bundestagswahlen 2021

Mit dem amtlichen Endergebnis: Nach 16 Jahren Merkel wird die Republik bunter werden.

Man selbst bleibt ja im Amt und kann seine pastellfarbenen Kleider auftragen. Aber was tun Sie mit Ihren Hosenanzügen?
Gute Frage, Ma'am. Für zu Hause sind die ja eigentlich nix.
HS21

AKTUELL
ES FOLGEN NUN DIE EINSCHLAF-QUOTEN VON UNSEREM TV-TRIELL...
RABE

WÄHLT:
WÄHLT MEINEN PAPI WIEDER IN DEN BUNDESTAG. ER HAT NICHTS ANDERES GELERNT.
BITTE
TIL

SPD
Saskia, Norbert, bei Olaf läuft es richtig gut. Haltet ihr noch bis zum 26.9. so durch?
HS21

Friedrich Merz ist mit im „Zukunftsteam". Faxen Sie ihm das bitte.
Hopfauf

FALLS ARMIN LASCHET ANRUFT, NICHT LACHEN!
OL

Was ist los? Geht's um Laschet und sein „Zukunftsteam"?
Nein, ABBA ist wieder da!
KITTIHAWK

Annalena Baerbock Jetzt
Wie wir unser Land erneuern
ICH HÄTTE IN DEN LEBENSLAUF NOCH SCHREIBEN SOLLEN „STIPENDIATIN DER ANGELA-MERKEL-TEFLON-SCHOOL".

DAS DARF MAN WAHRSCHEINLICH AUCH NICHT MEHR, WENN FRAU BAERBOCK KANZLERIN WIRD...
TIL

WOW! ZUM ERSTEN MAL IN DER GESCHICHTE HABEN WIR DIE CHANCE, EINE GRÜNE ZUR KANZLERIN ZU WÄHLEN!
ABER WAS, WENN DIE DANN ALLES ANDERS MACHT?!
METZ 2021

Die Prognosen bleiben spannend ...

Die unterschiedlichen Positionen zur Außenpolitik

Das rot-rot-grüne
Schreckgespenst
Ein Schauermärchen
von Armin Laschet
Buhuu!
Wählt CDU!
Spiegel Restseller seit 1994
KITTIHAWK

Egal, die meisten von denen dürfen doch noch gar nicht wählen
Friday for Future
KLIMA RETTEN
KLIMA

Hilfe! Bei den Grünen verteilen sie Stark-regenschirme und Feuerlöscher!
Ja, beruhigen Sie sich, bei uns gibt es noch Kugelschreiber!
CDU
CDU for You
KITTIHAWK

Banges Warten auf die ersten Hochrechnungen im Konrad-Adenauer-Haus.

KANZLER-
AMT

...möchte ich mich bei Markus Söder für den kräftigen Schub im Wahlkampf bedanken
Gern geschehen
Lars 21

Es soll hier ein tolles Stellenangebot geben!
Hab' ich auch gehört!
jobcenter
SACHBEARBEITUNG:
Frau Baerbock
Herr Habeck
Herr Lindner
KS 21

Vielleicht versuchen wir als Erstes, die Bilder, die wir voneinander haben, etwas realistischer zu gestalten...
Gar keine schlechte Idee...
MARKT FIRST
ÖKO FIRST
HS 21

Ihre Präferenz, Herr Lindner
Ich bin so toll, ich würde am Liebsten mit mir koalieren

BÜNDNIS 90/FDP
DIE LINDGRÜNEN
NEUERÖFFNUNG
OL

ACH, MACHT DOCH, WAS IHR WOLLT…
… ICH BIN RAUS!
SCH WAR WEL

DEUTSCHER CARTOON PREIS 2021

Der **Lappan Verlag** und die **Frankfurter Buchmesse** hatten aufgerufen zum Deutschen Cartoonpreis 2021. Alle Cartoonist:innen waren eingeladen, unabhängig vom Thema die besten Cartoons, die seit November 2020 entstanden sind, einzureichen.
Über 220 Cartoonist:innen sind dem Aufruf gefolgt. Grundlage für die Teilnahme am Cartoonpreis sind die Einsendungen, die im Buch „BESTE BILDER 12 – Die Cartoons des Jahres 2021" enthalten sind.

Der Deutsche Cartoonpreis ist dotiert mit:
3.000 € für den 1. Preis, 2.000 € für den 2. Preis, 1.000 € für den 3. Preis.

Die Jury setzte sich zusammen aus:
Antje Haubner, Programmleiterin beim Lappan Verlag,
Wolfgang Kleinert, Chef der Berliner Cartoonfabrik,
Dieter Schwalm, Herausgeber zahlreicher Cartoonbücher,
Martin Sonntag, Leiter der Caricatura in Kassel.
Dr. Alex Jakubowski, Journalist, Medientrainer, Lehrbeauftragter und Buchautor

Die Ausstellung:
Die große BESTE-BILDER-Ausstellung findet vom 20.11.2021 – 27.02.2022 in der Caricatura in Kassel statt.

Die Preisträger:

1. AD Karnebogen (S. 59)

2. Ruth Hebler (S. 120)

3. Klaus Stuttmann (S. 143)

Die Cartoonist:innen

Renate Alf, 1956 in Göttingen geboren. Ausbildung-zur Lehrerin. Seit 1983 als Cartoonistin tätig. Zahlreiche Buchveröffentlichungen im Lappan und Herder Verlag. Lebt in Weimar.
S. 62

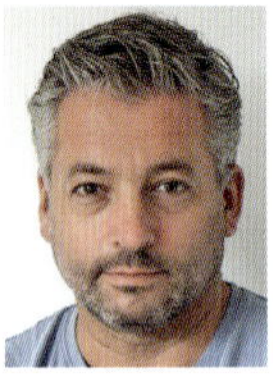

Frank Bahr, 1969 in Stuttgart geboren, zeichnet und malt, seit er aufrecht sitzen kann, lebt heute an und teilweise auf der Ostsee und arbeitet als freier Maler, Karikaturist und Cartoonist. www.frank-bahr.net
S. 63, 64, 65

BECK lebt und arbeitet in Leipzig. Aktuelles Buch: „Katzen kann man alles sagen", Insel Verlag 2021. (Beinahe) täglicher Cartoon auf www.schneeschnee.de
S. 149, 150, 151, 152

Harm Bengen, 1955 in Arle, Ostfriesland, geboren, wo er jetzt wieder als selbstständiger Cartoonist und Comiczeichner lebt. Veröffentlicht in diversen Zeitschriften und Zeitungen. www.harm-bengen.de
S. 112, 113, 158, 164

Bettina Bexte, 1964 geboren. Nach dem Kunststudium als Illustratorin und Cartoonistin tätig. Lebt in Bremen. Ihre Arbeiten erscheinen in zahlreichen Zeitschriften (u. a. *Brigitte, Familie & Co., Der Bunte Hund*). www.bettina-bexte.de
S. 111

BURKH, Burkhard Fritsche, 1952 in Mölln geboren, lebt seit 1996 in Köln. Veröffentlichungen in *Eulenspiegel, taz, Die Zeit, Tages Anzeiger (Zürich), Welt am Sonntag, Süddeutsche Zeitung, Kicker, Spiegel Online* u. v. a. www.burkh.com
S. 107, 108, 109, 110

Peter Butschkow, 1944 in Cottbus geboren, lebt heute in Schleswig Holstein. Veröffentlicht in diversen Zeitschriften und Zeitungen. Autor von über 150 Büchern und Kalendern.
www.butschkow.de
S. 126, 127

Steffen Butz, Jahrgang 1964, lebt als Cartoonist und Illustrator in Karlsruhe. Seine Bärencartoons erschienen u. a. in *Stern, Freundin, Mein Eigenheim, Nebelspalter* und *Die Rheinpfalz*. Zahlreiche Buch- u. Kalenderveröffentlichungen. instagram.com/steffen.butz
S. 72, 73

Birgit Dodenhoff, geb. 1969 in Zeven, Studium Kommunikationsdesign, lebt und arbeitet in der Nähe von Bremen. Veröffentlichungen in div. Printmedien sowie auf *Instagram bdodenhoff* und Facebook *Dodenhoff Cartoons* https://de.toonpool.com/artists/Dodenhoff%20Cartoons_67997
S. 14, 15

Uli Döring, (* 1971) wohnt in Köln und ist Allroundkreativer, derzeit mit dem Schwerpunkt „Cartoons". Diese veröffentlicht er in verschiedenen Zeitschriften, Büchern, auf Postkarten, auf Facebook und Instagram. uliwood.wordpress.com
S. 20, 21, 22

Tim Oliver Feicke, 1970 in Hamburg geboren, wo er heute noch lebt. Der Karikajurist arbeitet als Richter, veröffentlicht Cartoons in div. Tageszeitungen, im *Eulenspiegel* und monatlich in den juristischen Fachblättern *Deutsche Richterzeitung, Notar* und *RENO-praxis*. www.wunschcartoon.de S. 32

Miguel Fernandez. Der aus Rehburg (bei Hannover) stammende Comiczeichner, Cartoonist und Illustrator zeichnet seit 2005 Cartoons, die in diversen Zeitschriften und Magazinen abgedruckt werden. Zahlreiche Buchveröffentlichungen. www.miguelfernandez.de
S. 117

Marco Finkenstein, Jahrgang 1971, Grafikdesigner in Hannover. Er arbeitet an Kinderbüchern und Trickfilmen und veröffentlicht in der *Titanic* und auf seinem Blog: figurenbrut.de
S. 41

Kai Flemming, lebt in Hamburg, veröffentlicht in Frankfurt bei der dortigen Rundschau sowie in Hamburg beim Lappan Verlag. facebook.com/jt1rh
S. 106

Peter Gaymann, geb. 1950 in Freiburg i. Br. Seit 1976 als humoristischer Zeichner selbstständig. Sein Markenzeichen sind die Hühner und die „PaarProbleme" in *BRIGITTE*. Veröffentlichungen auch in *taz, Zeit Magazin, BUNTE* etc. Er lebt in Schäftlarn. www.gaymann.de
S. 16, 17

Gerhard Glück, 1944 in Bad Vilbel geboren. Lebt in Kassel. Kunsterzieher, inzwischen ausschließlich als Cartoonist und Illustrator tätig. Regelmäßig in der *NZZ* und im *Eulenspiegel*.
www.gerhard-glueck.de
S. 121, 122, 123

Greser & Lenz, Achim Greser wurde 1962 in Lohr am Main, Heribert Lenz 1958 in Schweinfurt geboren. Beide leben in Aschaffenburg. Das Duo zeichnet regelmäßig für die *Frankfurter Allgemeine Zeitung u. Titanic.*
www.greser-lenz.de
S. 98, 99, 100

Katharina Greve, 1972 in Hamburg geboren, studierte Architektur und lebt als Cartoonistin, Künstlerin und Autorin in Berlin. Veröffentlichungen: *Titanic, Das Magazin, taz, neues deutschland* u. a.
www.katharinagreve.de
S. 24, 25 und Backcover

Markus Grolik, 1965 in München geboren. Seit 1995 als freier Zeichner und Autor tätig für diverse Verlage. Veröffentlicht in der Fachzeitschrift *HMD-Praxis der Wirtschaftsinformatik.*
www.markus-grolik.de ·
S. 89

Gymmick (Tobias Hacker), Cartoonist, Komiker und Liedermacher. Veröffentlicht wöchentlich Cartoons z. B. für die *Nürnberger Nachrichten.*
www.Gymmick.de
S. 54, 55

Teresa Habild, 1979 in München geboren. Studium der Visuellen Kommunikation in Offenbach/Main. Lebt als freie Cartoonistin und Ilustratorin in Trier. Veröffentlicht u.a. im *Eulenspiegel* und in der *Titanic.*
www.h-bild.de
S. 51

Hauck & Bauer, Elias Hauck, Berlin, und Dominik Bauer, Frankfurt, beide Jahrgang 1978. Veröffentlichen u. a. in der *Frankfurter Allg. Sonntagszeitung* und der *Titanic.* www.hauckundbauer.de
S. 104, 105

Ruth Hebler, 1973 in Trier geboren. Wahlkölnerin. 2014 gewann sie heimlich den Kunstpreis *Der freche Mario,* 2018 den 2. Platz beim *Salzburger Karikaturenpreis*. Ihre Cartoons erschienen z.B. im *stern, Eulenspiegel,* Cartoonbüchern, Ausstellungen etc.
www.RuthHebler.de
S. 120

Pascal Heiler, geb. 1971, studierte Design und lebt als selbstständiger Softwareentwickler in Würzburg. Er veröffentlicht in diversen Verlagen und wird durch die Galerie Gabriele Müller vertreten.
www.hametschu.de
S. 36, 37 und Titelseite

Anton Heurung wurde 1957 in Bad Neustadt/Saale geboren. Er studierte Grafik-Design an der FH Würzburg-Schweinfurt und arbeitet als freischaffender Illustrator und Künstler in Aschaffenburg.
www.antonheurung.de
S. 28

Oli Hilbring lebt mit Familie, vielen Stiften und Hund in Bochum. Er veröffentlicht u. a. im *RevierSport,* im *Rookie Magazin* und bei *ehrensenf.de.* Er betreibt den Cartoon-Blog »Schön Doof«. www.oli-hilbring.de
S. 52, 53, 163

Martina Hillemann, geb. 1975, wurde in Wiesbaden zur Diplom-Designerin und zeichnet seither von Darmstadt aus für alle, die dringend humorvolle Illustrationen benötigen. www.martinahillemann.de
S. 93

Michael Holtschulte, Jahrgang 1979, lebt und arbeitet als Cartoonist und Illustrator in Essen. Zeichnet für zahlreiche Zeitungen und Magazine. Seine Cartoons sind wöchentlich auf www.totaberlustig.de zu sehen.
S. 94, 95

Olga Hopfauf, 1984 in Kasachstan geboren, ist in Deutschland aufgewachsen. Sie lebt und arbeitet als freiberufliche Illustratorin in Osnabrück. Außerdem inszeniert sie mit ihrem Freund selbstgeschriebene Theaterstücke und organisiert Ausstellungen und Zeichnertreffen. www.hopfauf.de S. 156

Phil Hubbe, geboren 1966 in Haldensleben. Zeichnet regelmäßig für Zeitungen und Zeitschriften (u. a. *kicker*). 1985 erkrankte er an Multipler Sklerose und machte dies auch zum Thema seiner Cartoons.
www.hubbe-cartoons.de
S. 74, 75

Rudi Hurzlmeier, geb. 1952 im niederbayerischen Kloster Mallersdorf, lebt als Maler, Cartoonist und Autor in München. Rund 100 Einzel- u. Themen-Ausstellungen im In- und Ausland. Ständiger Mitarbeiter bei *Titanic*. Mehr als 40 Bücher veröffentlicht.
S. 4, 5

HUSE wurde als der Cartoonist Björn Ciesinski 1976 in Bremen geboren. Er lebt und zeichnet mit Familie in Hamburg. Seine Cartoons sind in Publikationen wie z. B. *Stern, Eulenspiegel, Titanic* und diversen Büchern veröffentlicht. b-ciesinski.com
S. 136

Dominik Joswig, 1970 in Karlsruhe geboren, lebt und arbeitet als selbstständiger Illustrator und Grafiker in Wandlitz. Veröffentlichungen u. a. im *Eulenspiegel*, in der *Sächsischen Zeitung* und auf *DW.de*.
S. 34, 35

AD Karnebogen verbindet Design und Humor in Text und Bild.
https://www.instagram.com/adkarnebogen/
S. 58, 59

Petra Kaster, 1952 in Mülheim an der Ruhr geboren. Lebt und arbeitet in Mannheim. Trickfilmautorin, Veröffentlichungen in diversen Zeitschriften, Zeitungen (u. a. *Eulenspiegel* und *Nebelspalter*) und Büchern.
S. 77, 78, 79

Matthias Kiefel, freiberuflicher Cartoonist, Illustrator und Grafiker in Berlin. Veröffentlichungen in Zeitschriften, Büchern und Kalendern.
S. 33

Kittihawk, geboren 1972 in Recklinghausen, lebt in Berlin. Sie veröffentlicht ihre Cartoons z. Zt. in *Titanic, Schädelspalter, Sächsische Zeitung* und im *Spiegel*.
www.kittihawk.de
S. 60, 61, 157, 161, 162

@kriegundfreitag, eigentlich Tobias Vogel, geb. 1982, lebt in Hamburg, ist Comicautor, Autor u. Cartoonist. Mit seinen Strichmenschen gewann er 2019 den Online Grimme Award und 2020 den Max und Moritz-Preis. Seine Cartoons erscheinen in den sozialen Netzwerken, auf Tassen, Pullis und in Büchern. S. 133

Kriki wurde als Christian Groß 1950 in Lamstedt (Niedersachsen) geboren, lebt in Berlin-Kreuzberg, veröffentlicht für *taz, Eulenspiegel, mare, Schmutz und Schund* und *Der Kleine Lemur*.
www.kriki.cartooncommerz.de
S. 23

Uwe Krumbiegel, 1962 in Flöha (Sachsen) geb. Lebt in der Nähe von Freiberg, ist Dipl.-Ing. in der Energiewirtschaft. Veröffentlichungen u. a. in *Eulenspiegel* und *rtv*..
www.uwe-krumbiegel.de
S. 80, 81

Kai Kühne, 1979 in Braunschweig geboren, studierte in Trier Medienwissenschaft, Philosophie und Volkswirtschaftslehre, und arbeitet als Redakteur in Düsseldorf. Er veröffentlicht regelmäßig im *Eulenspiegel*.
S. 148

Yvonne Kuschel, geb. in Danzig, an vielen Orten zu Hause, wenn auch ohne tiefere Wurzeln. Zeichnerin, Malerin, Illustratorin, Autorin, Katzenliebhaberin, Teetrinkerin u. Familienmensch. Lebt seit einigen Jahren in der Leipziger Tieflandsbucht. www.yvonne-kuschel.de
S. 42

Dorthe Landschulz studierte in Hamburg und Paris Illustration. Sie lebt in der Bretagne, zeichnet Cartoons u.a. für *Titanic, taz, Eulenspiegel, Tierwelt Schweiz* und seit 2019 wöchentlich für den *Stern*. Sie gewann Preise und hat mehrere Bücher veröffentlicht. www.facebook.com/EinTagEinTier
S. 6, 7, 8, 163

Mario Lars, Roland Regge-Schulz, geboren 1964 in Mecklenburg, lebt dort als Grafiker, Journalist, Zeichner und Autor. Veröffentlicht in *Eulenspiegel, Schweriner Volkszeitung* und *Sächsischer Zeitung.*
www.schulzenhof.de
S. 2, 68, 69, 70, 71, 153, 162, 165, 166

Nicolas Mahler, geboren 1969 in Wien, wo er auch heute lebt. Zeichnet u.a. für *Titanic, Die Zeit, NZZ am Sonntag, Frankfurter Allgemeine Sonntagszeitung.*
www.mahlermuseum.at
S. 47

Wolf-Rüdiger Marunde, geb. 1954, arbeitet seit 1980 als Illustrator u. Cartoonist. Nach *stern* u. *Brigitte* sind seine Cartoons seit vielen Jahren in der *Hörzu* zu sehen. Buchveröffentlichungen, Ausstellungen. Marunde lebt im Wendland. www.wolf-ruediger-marunde.de
S. 48, 49, 50

Piero Masztalerz, vielfach prämierter Cartoonist, veröffentlichte u.a. auf *spiegel online, Titanic, stern* und *Eulenspiegel*. Seit 2013 tourt er mit seiner Live Cartoon Show durch Deutschland und Österreich.
www.schoenescheisse.de
S. 43, 44, 45, 46

Dirk Meissner, geb. 1964, lebt als freier Cartoonist in Köln. Seit 2005 in der *Süddeutschen Zeitung*. Er beschäftigt sich mit abstrakter Kunst und Humortheorie und ist Mitglied der *Rheinischen Humorverwaltung* und der *International Society for Humor Studies* in Oakland, Kalifornien.S. 140, 141

Nadia Menze, geboren 1981, zeichnet seit vielen Jahren Cartoons, hat sich aber erst 2019, ermuntert von Martin Perscheid, damit an die Öffentlichkeit getraut. Man findet ihre Werke auf Social Media unter *Cartoostrophal.*
S. 88

Hannes Mercker, geboren 1983 in Oldenburg, studierte Lehramt in Freiburg und lebt heute als Cartoonist und Illustrator in Mannheim. Seine Cartoons erscheinen in Büchern und diversen Printmedien.
www.hannes-mercker.de
S. 57

Til Mette, geboren 1956 in Bielefeld. Studierte Geschichte und Kunst. Mitbegründer der *taz* Bremen. Lebte über 15 Jahre in den USA, seit 2006 in Hamburg. Seit 1995 als Staff-Cartoonist beim *stern*.
S. 9, 10, 11, 12, 155, 158

Denis Metz heißt eigentlich Denis Metz, Jahrgang 1974, zeichnet Cartoons. Schon immer. Lebt auf der Nordseeinsel Baltrum und erzählt dort den Lachmöwen dreckige Witze. www.schnabulak.de
S. 29, 30, 31, 159

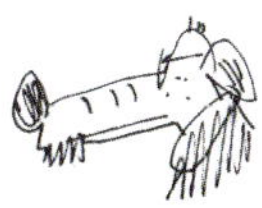

Mock wurde 1958 als Volker Kischkel in Lobberich am Rhein geboren. Studium der Freien Kunst in Braunschweig. Lebt heute in Bremen.
S. 101

NEL, wurde 1953 als Ioan Cozacu in Rumänien geboren. Studierte Innenarchitektur in Halle, lebt heute in Erfurt. Seit 1984 als freischaffender Cartoonist tätig. Veröffentlicht regelmäßig in div. Tageszeitungen und Magazinen. www.nelcartoons.de
S. 124, 125

OL wurde als Olaf Schwarzbach 1965 in Berlin geboren. Er zeichnet u.a. für *Berliner Zeitung, Jungle World, Tip-Berlin, n-tv.de* etc. Zahlreiche Buchveröffentlichungen
www.ol-cartoon.de
S. 96, 97, 157, 167

Martin Perscheid, 1966 bis 2021, lebte in Wesseling bei Köln. Der Cartoonist und Autor starb Ende Juli 2021, ein unschätzbarer Verlust für die deutsche Cartoonszene.
S. 38, 39, 40

Thomas Plaßmann, 1960 in Essen geboren, Karikaturist u. a. für *Frankfurter Rundschau, NRZ, Berliner Zeitung, Spiegel Online.* www.thomasplassmann.de
S. 82, 83, 84

Ari Plikat, geboren 1958 in Lüdenscheid. Lebt in Dortmund, zeichnet Illustrationen, Cartoons und komische Bilder, die in vielen Zeitungen/Zeitschriften zu sehen sind.
www.ariplikat.de
S. 130, 131, 132

POLO, André Poloczek, geboren 1959 in Wuppertal, wo er auch heute als Bildermacher, Autor satirischer Texte, Herausgeber komischer Bücher und Dozent für witziges Zeichnen lebt.
S. 102, 103

RABE, Ralf Böhme, 1956 in Plauen geboren, Ausbildung als Schriftenmaler u. Werbedesigner. Ab 1987 Ausstellungen und Veröffentlichungen u. a. in *Eulenspiegel, Sächsische Zeitung, Focus* und *Hamburger Abendblatt.* www.rabe-karikatur.de
S. 154

Hannes Richert, (Berlin) wurde 1982 geboren. Er studierte Medien-Design in Münster. Seine Cartoons veröffentlicht er hauptsächlich in *Eulenspiegel und Titanic.*
www.hannesrichert.de
S. 90, 91, 92

Leonard Riegel, Jahrgang 1983, lebt in Frankfurt und veröffentlicht Cartoons, Illustrationen und Comics für *taz* und *Titanic.* Seit 2014 ist er Redakteur bei *Titanic.*
S. 26, 27

Holga Rosen, Jahrgang 1970, lebt und arbeitet als Cartoonist in Dortmund. Zeichnet u. a. für *Ruhr Nachrichten, Westfalenspiegel, Psychologie heute Compact* etc. Er ist außerdem als Kinobetreiber und Kurzfilmmacher tätig.
S. 13

Stephan Rürup, 1965 geboren, lebt in Münster, war Redakteur bei *Titanic.* Veröfffentlicht in *Titanic, Welt am Sonntag, Journal Frankfurt, Metallzeitung, die Presse* und div. Tageszeitungen. 2018 „Deutscher Cartoonpreis". www.stephanruerup.de
S. 114, 115, 116

Heiko Sakurai zeichnet politische Karikaturen für Tageszeitungen. Er lebt und arbeitet in Köln.
sakurai-cartoons.de
S. 154, 156, 164, 166

Schilling & Blum: Michael Schilling, geb.1983, und Jan Blum, geb. 1981. Von Köln und London aus veröffentlichen sie seit 2010 gemeinsam Cartoons u. a. in *Psychologie Heute, Titanic* und *Stern.*
Insta: @schillingundblum / twitter: @SchillingBlum / facebook: vomlebengezeichnet
S. 146, 147

Bettina Schipping, 1967 in Düsseldorf geboren, Studium der Visuellen Kommunikation. Lebt und arbeitet in Düsseldorf als Grafik-Designerin, Illustratorin und Cartoonistin. www.bettinaschipping.de
S. 18

Theodor Schneckensteiff alias Janek Czechowski, wurde 1962 geboren, lebt in Wiesbaden. Nach Studium der Gebrauchsgrafik Arbeit in den Bereichen Trickfilm, wissenschaftlicher Film und Fernsehen. Veröffentlichung von Karikaturen in diversen Medien.
S. 19

Schwarwel, Jahrgang 68, lebt und arbeitet in Leipzig als Illustrator, Trickfilmer, Karikaturist, Comiczeichner, Animator, Storyboarder, Drehbuch-Autor, Regisseur, Produzent, Art Director (*Glücklicher Montag*), Autor und Zeichner (*Schweinevogel, SEELENFRESSER*).
www.gluecklicher-montag.de **S. 128, 129, 168**

André Sedlaczek, geboren 1967 in Detmold, wo er auch heute lebt und seit 1996 als freier Cartoonist und Illustrator tätig ist. Zeichnet regelmäßig für den *Eulenspiegel.*
www.bissiges.de
S. 56

Wolfgang Sperzel, 1956 in Gernsheim geboren. Diplom-Grafikdesigner. Lebt heute in der Nähe von Lüneburg und zeichnet Comics und Cartoons für Magazine und die Wirtschaft, seit 1993 regelmäßig für die *Auto-Bild.* www.comicar.de
S. 76

Klaus Stuttmann, geboren 1949, seit 1970 in Berlin. Studierte Kunstgeschichte u. Geschichte. Veröffentlicht täglich im *Tagesspiegel* und diversen anderen Tageszeitungen.
www.stuttmann-karikaturen.de
S. 142, 143, 144, 145, 160, 165

©TOM, eigentlich Thomas Körner, 1960 in Säckingen geboren. Lebt in Berlin. Seit 1991 erscheinen seine *Touché*-Comicstrips täglich in der *taz*.
www.c-tom.de
S. 66, 67

Silvan Wegmann (swen), geb. 1969, lebt als Karikaturist und Illustrator in Baden, Schweiz. Er veröffentlicht in diversen Schweizer Zeitungen und Magazinen und ist Mitinitiator des Cartoon- und Satirefestivals Bissfest in Baden. www.swen.ch
S. 85

Karsten Weyershausen, Jahrgang 1963. Lebt in Braunschweig als freier Autor und Illustrator. Veröffentlicht u. a. in *TV Hören und Sehen, Berliner Illustrierte Zeitung, Eulenspiegel.*
www.weyershausen.de
S. 86, 87

Freimut Woessner, 1945 in Schwaben geboren, lebt als Karikaturist und Verfasser von satirischen Texten in Berlin. Veröffentlicht u. a. in der *Sächsischen Zeitung und* im *Eulenspiegel.*
www.freimut-woessner.de
S. 118, 119

Miriam Wurster, geb 1964, zog von einem Dorf auf der Ostalb in die Großstadt Bremen und wurde Cartoonistin. Sie arbeitet u. a. für *Titanic, Charlie Hebdo*(D), *neues deutschland, Spiegel online.*
www.wurster-cartoon-blog.de
S. 137, 138, 139

Martin Zak, geboren 1972 in Bytom, Polen. Studium Visuelle Kommunikation in Bielefeld. Lebt in Köln. Veröffentlicht u. a. in *Eulenspiegel, Nebelspalter, SPICK, MAD, Flashtimer, Schweizer Katzenmagazin.*
www.martin-zak.de
S. 134, 135

Die Herausgeber:innen

Antje Haubner, geboren 1970, studierte Kunstgeschichte und Germanistik, bevor sie als Comic- und Mangalektorin bei Carlsen begann. 2003 wechselte sie zum Cartoon, der seit 2016 unter dem Label „Lappan Verlag" veröffentlicht wird. Programmleiterin des Lappan Verlags.

Wolfgang Kleinert, 1953 in Ostberlin geboren, Journalistikstudium in Leipzig, bis 1991 Redakteur beim *Eulenspiegel*. Als Gründer der Cartoonfabrik macht er seit 1992 Cartoonausstellungen. Seit 1993 Geschäftsführer der Köpenicker Cartoon Gesellschaft.

Dieter Schwalm, 1954 in Oldenburg geboren, Industriekaufmann, Verlagshersteller, Werbegrafiker, Werbe- u. Presseleiter eines Buchverlags. 1983 Mitbegründer des Lappan Verlags, langjährig als Geschäftsführer tätig u. a. für das Cartoonprogramm verantwortlich. Ab 2020 freiberuflicher Humordienstleister.